1,000,000 Books

are available to read at

www.ForgottenBooks.com

Read online
Download PDF
Purchase in print

ISBN 978-0-259-02054-7
PIBN 10715381

This book is a reproduction of an important historical work. Forgotten Books uses state-of-the-art technology to digitally reconstruct the work, preserving the original format whilst repairing imperfections present in the aged copy. In rare cases, an imperfection in the original, such as a blemish or missing page, may be replicated in our edition. We do, however, repair the vast majority of imperfections successfully; any imperfections that remain are intentionally left to preserve the state of such historical works.

Forgotten Books is a registered trademark of FB &c Ltd.
Copyright © 2018 FB &c Ltd.
FB &c Ltd, Dalton House, 60 Windsor Avenue, London, SW19 2RR.
Company number 08720141. Registered in England and Wales.

For support please visit www.forgottenbooks.com

1 MONTH OF FREE READING

at
www.ForgottenBooks.com

By purchasing this book you are eligible for one month membership to ForgottenBooks.com, giving you unlimited access to our entire collection of over 1,000,000 titles via our web site and mobile apps.

To claim your free month visit:
www.forgottenbooks.com/free715381

* Offer is valid for 45 days from date of purchase. Terms and conditions apply.

English
Français
Deutsche
Italiano
Español
Português

www.forgottenbooks.com

Mythology Photography **Fiction**
Fishing Christianity **Art** Cooking
Essays Buddhism Freemasonry
Medicine **Biology** Music **Ancient Egypt** Evolution Carpentry Physics
Dance Geology **Mathematics** Fitness
Shakespeare **Folklore** Yoga Marketing
Confidence Immortality Biographies
Poetry **Psychology** Witchcraft
Electronics Chemistry History **Law**
Accounting **Philosophy** Anthropology
Alchemy Drama Quantum Mechanics
Atheism Sexual Health **Ancient History**
Entrepreneurship Languages Sport
Paleontology Needlework Islam
Metaphysics Investment Archaeology
Parenting Statistics Criminology
Motivational

CIHM/ICMH
Microfiche
Series.

CIHM/ICMH
Collection de
microfiches.

Institute for Historical Microreproductions / Institut canadien de microreproductions h

Technical and Bibliographic Notes/Notes techniques et bibliographiques

Institute has attempted to obtain the best nal copy available for filming. Features of this which may be bibliographically unique, :h may alter any of the images in the oduction, or which may significantly change sual method of filming, are checked below.

L'Institut a microfilmé le me qu'il lui a été possible de se de cet exemplaire qui sont p point de vue bibliographique une image reproduite, ou qu modification dans la méthoc sont indiqués ci-dessous.

☐ Coloured covers/
Couverture de couleur

☐ Covers damaged/
Couverture endommagée

☐ Covers restored and/or laminated/
Couverture restaurée et/ou pelliculée

☐ Cover title missing/
Le titre de couverture manque

☐ Coloured maps/
Cartes géographiques en couleur

☐ Coloured ink (i.e. other than blue or black)/
Encre de couleur (i.e. autre que bleue ou noire)

☐ Coloured plates and/or illustrations/
Planches et/ou illustrations en couleur

☐ Bound with other material/
Relié avec d'autres documents

☐ Tight binding may cause shadows or distortion along interior margin/
La reliure serrée peut causer de l'ombre ou de la distortion le long de la marge intérieure

☐ Blank leaves added during restoration may appear within the text. Whenever possible, these have been omitted from filming/
Il se peut que certaines pages blanches ajoutées lors d'une restauration apparaissent dans le texte, mais, lorsque cela était possible, ces pages n'ont pas été filmées.

☐ Coloured pages/
Pages de couleur

☐ Pages damaged/
Pages endommagées

☐ Pages restored and/or
Pages restaurées et/ou

☑ Pages discoloured, stai
Pages décolorées, tach

☐ Pages detached/
Pages détachées

☑ Showthrough/
Transparence

☐ Quality of print varies/
Qualité inégale de l'im

☐ Includes supplementar
Comprend du matériel

☐ Only edition available/
Seule édition disponibl

☐ Pages wholly or partial
slips, tissues, etc., hav
ensure the best possib
Les pages totalement «
obscurcies par un feuil
etc., ont été filmées à
obtenir la meilleure im

Additional comments:/
Commentaires supplémentaires:

has been reproduced thanks

nal Library of Canada

g here are the best quality
the condition and legibility
and in keeping with the
ifications.

nted paper covers are filmed
ront cover and ending on
printed or illustrated impres-
er when appropriate. All
are filmed beginning on the
ted or illustrated impres-
the last page with a printed
ion.

me on each microfiche
bol ➡ (meaning "CON-
nbol ▼ (meaning "END"),

, etc., may be filmed at
tios. Those too large to be
ne exposure are filmed
er left hand corner, left to
om, as many frames as
ng diagrams illustrate the

2   **3**

L'exemplaire filmé fut reproduit grâce à la
générosité de:

    Bibliothèque nationale du Ca

Les images suivantes ont été reproduites ave
plus grand soin, compte tenu de la condition
de la netteté de l'exemplaire filmé, et en
conformité avec les conditions du contrat
filmage.

Les exemplaires originaux dont la couverture
papier est imprimée sont filmés en commen
par le premier plat et en terminant soit par l
dernière page qui comporte une empreinte
d'impression ou d'illustration, soit par le sec
plat, selon le cas. Tous les autres exemplaire
originaux sont filmés en commençant par la
première page qui comporte une empreinte
d'impression ou d'illustration et en terminan
la dernière page qui comporte une telle
empreinte.

Un des symboles suivants apparaîtra sur la
dernière image de chaque microfiche, selon
cas: le symbole ➡ signifie "A SUIVRE", le
symbole ▼ signifie "FIN".

Les cartes, planches, tableaux, etc., peuvent
filmés à des taux de réduction différents.
Lorsque le document est trop grand pour êtr
reproduit en un seul cliché, il est filmé à par
de l'angle supérieur gauche, de gauche à dr
et de haut en bas, en prenant le nombre
d'images nécessaire. Les diagrammes suivan
illustrent la méthode.

CANTIQUES POPULAIRES

DU

CANADA FRANÇAIS

HARMONISÉS POUR QUATRE VOIX MIXTES
ET ORGUE OU PIANO

PAR

ERNEST GAGNON

CANTIQUES DE NOEL
CANTIQUES DE MISSIONS

QUÉBEC
1897

Stéréotype LÉGER BROUSSEAU.

CANTIQUES DE NOËL

LA MUSIQUE

ET

LES NOELS POPULAIRES

O N parlait un jour de musique religieuse dans une réunion où je me trouvais avec M. Antoine Plamondon, le plus fécond de nos artistes-peintres, qui, âgé alors de près de quatre-vingts ans, avait conservé tout l'enthousiasme, toute l'ardeur artistique d'un jeune homme :

—" La musique religieuse, me dit-il,... mais est-ce que toute musique n'est pas religieuse ? "

Pour toute réponse, je me contentai de regarder l'excellent vieillard avec admiration. Sans le savoir, il venait de faire son propre éloge et de révéler l'exquise candeur de son âme.

La musique, ce merveilleux et poétique langage, cet art charmant et *dangereux*, comme a dit madame Bourdon, a une puissance étonnante pour exprimer les sentiments du cœur humain, avec leurs nuances infinies, leurs délicatesses subtiles et inconscientes, et elle sait en développer l'intensité à un degré extraordinaire ; mais elle est impuissante à exprimer une idée spéculative, un raisonnement ou une argumentation. A vrai dire, elle n'a aucun sens absolument déterminé et précis. C'est là sa faiblesse et c'est là aussi sa force. La même mélodie peut à la fois faire verser des larmes de joie et des larmes de douleur, et les sons de l'orchestre qui jettent l'ivresse dans l'âme du danseur, peuvent, au même moment, inspirer une dévotion plus vive et plus tendre à l'humble religieuse qui, non loin de la salle du bal, passe la nuit au chevet d'un mourant.

Pour une âme qui vit constamment sous le regard de Dieu, toute musique peut avoir un côté religieux, de même que pour une âme perverse, toute musique peut contenir un ferment dangereux et malsain. Mais trouver tout bon ou tout mauvais dans la musique, en général, serait l'indice d'une absence d'éducation musicale à peu près complète.

A proprement parler, les non-initiés absolus ne trouvent dans la musique que l'expression de deux sentiments : la tristesse et la joie,— lesquels peuvent développer et accroître à un très haut degré l'intensité des autres sentiments, bons ou mauvais, préexistants dans l'âme. Chez les initiés, au contraire, la musique fait naître la plus grande diversité d'impressions. La mélodie, avec ses notes appellatives, ses cadences, son *parallélisme*, dont les compositeurs modernes cherchent trop à s'affranchir ; l'harmonie, avec ses accords consonnants et dissonants et les artifices ingénieux des retards dans la résolution d'une ou de plusieurs de leurs parties ; le rythme, avec ses élans et ses chutes, ses temps forts et ses temps faibles, ses syncopes, ses points d'orgue, ses divers genres de mesures, ses mouvements tantôt lents tantôt précipités, sont pour le musicien l'objet d'études attrayantes en même temps que la source d'inexprimables jouissances et d'impressions variées.

J'ai dit plus haut que la musique n'est pas, à proprement parler, le langage de l'âme intellectuelle, et que ses accents enivrants et poétiques n'ont pas le sens circonscrit, déterminé, de la parole, écrite ou parlée.

Cela explique, sans toujours les justifier, ces substitutions de paroles sur un chant particulier, ces arrangements après coup dont on est si coutumier dans les maîtrises.

Rarement une mélodie moderne se prête à ces sortes d'adaptations et de transformations ; mais j'avoue qu'une mélodie antique, même si elle se chantait à l'origine sur des paroles profanes, peut souvent recevoir des paroles religieuses sans que le bon goût ait à en souffrir. C'est que l'emploi excessif des dissonances et l'abus des effets rythmiques ont donné un tel cachet d'agitation à notre musique moderne que, grâce au contraste, toute musique ancienne nous paraît aujourd'hui calme et reposante, et que l'air d'une joyeuse chanson d'autrefois peut maintenant nous faire l'effet d'un cantique. Si, après cela, on écrit des paroles pieuses sur cette mélodie ancienne, et si l'on chante cette mélodie dans une église, le jour de Noël par exemple, les délicats eux-mêmes ne trouveront peut-être rien à redire, tant il est vrai que, dans l'état actuel de l'art musical, l'archaïsme de la forme favorise l'expression des sentiments religieux.

L'abbé Daulé, l'un des prêtres que la révolution française du siècle dernier a jetés sur les plages canadiennes, a publié un gros volume de cantiques, avec musique, dont quelques-uns se chantent sur des airs de chansons plus ou moins triviales que lui avaient fait connaître, paraît-il, des ouvriers, des artisans ou des cochers de place de Québec. Le bon " Père Daulé ", comme on l'appelait, notait les airs, faisait parfois une remontrance au chanteur, puis adaptait des paroles pieuses à l'air de la chanson profane. Un peu plus tard, les chansons, transformées en cantiques, faisaient résonner les voûtes de la cathédrale de Québec. Les fidèles souriaient peut-être un peu, dans les premiers temps ; mais aujourd'hui les couplets par trop vulgaires sont oubliés et les cantiques seuls subsistent. On les chante sans penser à leur origine, de même qu'à Rome on peut entrer dans les églises du Panthéon et de *Santa Maria sopra Minerva* sans songer aux héros de l'antiquité ou aux rêveries de la théogonie païenne.

On connaît le pieux cantique de Noël : *Dans le silence de la nuit* ; il se chante sur un air antique et charmant, et il a sans doute inspiré bien des sentiments de dévotion. j'hésite après cela à dire au lecteur que l'air de ce cantique était primitivement celui d'une chanson à boire !

L'air si connu de *Nouvelle agréable!* était aussi autrefois celui d'une chanson de table. Il a pour auteur Wolfgang-Amédée Mozart, rien de moins.

Mais la plupart de nos airs de Noël canadiens n'ont pas cette origine profane, ou du moins une origine aussi profane. Quelques-uns, d'une naïveté très puérile et très fantaisiste, ne sont pas chantés dans les églises. Ceux-là sont ordinairement peu connus. Parmi les anciens cantiques de Noël, trois surtout sont chantés dans nos fêtes religieuses : *Ça, bergers, assemblons-nous,* — *Nouvelle agréable!* — et *Dans cette étable.* Ce dernier, dont voici les paroles, a été composé par Fléchier,—Esprit Fléchier, évêque de Nimes, l'auteur illustre de l'oraison funèbre de Turenne :

Dans cette étable,
Que Jésus est charmant !
Qu'il est aimable
Dans son abaissement !
Que d'attraits à la fois !
Non, les palais des rois
N'ont rien de comparable
Aux beautés que je vois
Dans cette étable.

Que sa puissance
Paraît bien en ce jour,
Malgré l'enfance
De ce Dieu plein d'amour !
L'esclave racheté
Et tout l'enfer dompté
Font voir qu'à sa naissance
Rien n'est si redouté
Que sa puissance.

Heureux mystère !
Jésus souffrant pour nous,
D'un Dieu sévère
Apaise le courroux.
Pour sauver le pécheur,
Il naît dans la douleur,
Et sa bonté de père
Eclipse sa grandeur.
Heureux mystère !

S'il est sensible,
Ce n'est qu'à nos malheurs ;
Le froid horrible
Ne cause point ses pleurs.
Après tant de bienfaits,
Notre cœur, aux attraits
D'un amour si visible,
Se rendra désormais.
S'il est sensible.

Que je vous aime !
Peut-on voir vos appas,
Beauté suprême,
Et ne vous aimer pas ?
Puissant Maître des cieux,
Brûlez-moi de ces feux
Dont vous brûlez vous-même :
Ce sont là tous mes vœux.
Que je vous aime !

Charles Gounod a publié, vers 1890, un noël en langue anglaise sur l'air du cantique *Dans cette étable,* avec des intermèdes pour orgue d'un grand effet. L'air du cantique proprement dit est à peu près semblable au nôtre, seulement il est écrit dans la mesure à six-huit, tandis que notre version canadienne est chantée le plus souvent à quatre temps.

Un noël du Languedoc : *Les anges dans nos campagnes*, est aussi très connu par tout le Canada français.

Le Père Lambillotte a publié deux cantiques de Noël très pieux d'une forme plus moderne, qui se chantent également dans nos églises canadiennes : *Au saint berceau qu'entourent mille archanges*, et *O divine enfance de mon doux Sauveur !* Ce dernier faisait partie du répertoire du chœur de l'église paroissiale de Montréal, il y a plus de quarante ans. Les membres de ce chœur étaient choisis parmi les élèves du collège de Montréal ; ils avaient pour directeur le bon abbé Barbarin, dont la voix admirable faisait les délices des fidèles. Après ce long espace de temps que je viens d'indiquer, il me semble entendre encore cette belle et onctueuse voix répéter avec ferveur :

O divine enfance
De mon doux Sauveur !
Aimable innocence
Tu ravis mon cœur.
Que dans sa faiblesse,
Il paraît puissant !
Ah ! plus Il s'abaisse,
Et plus Il est grand !
....
....

Descendez, saints anges,
Venez en ces lieux ;
Voyez dans ces langes
Le Maître des Cieux !
Qu'elles ont de charmes
Aux yeux de ma foi
Ces premières larmes
Qu'Il verse pour moi !
....
....

Je dois faire mention ici du " cantique de Noël " d'Adolphe Adam, si connu et si populaire dans nos villes. C'est une heureuse composition, simple, mais ample, distinguée, dont les modulations sont naturelles et d'où s'exhale un véritable parfum de piété. Je l'ai entendue chanter pour la première fois, par une délicieuse voix d'enfant, dans la grande église de Saint-Roch, à Paris, en 1857. Les paroles, dues à Marie Cappeau, en sont aussi fort belles.

Mlle Augusta Holmès,—dont le nom véritable est miss Holmes, une Irlandaise,—qui a acquis une certaine notoriété à cause de la cantate couronnée qu'elle a fait chanter à l'inauguration de la tour Eiffel, a publié, il y a quelques années, un noël que je pourrais appeler un noël de salon. La mélodie en est écourtée, mais délicate et originale. Les paroles, qui ressemblent à la musique, sont d'une naïveté d'emprunt très parisienne. C'est une simple bluette fantaisiste et gracieuse, qui se termine par un mot d'amour, un souhait de jeune fille :

Trois anges sont venus ce soir
M'apporter de bien belles choses ;
L'un deux avait un encensoir,
L'autre avait un chapeau de roses,
Et le troisième avait en main
Une robe toute fleurie
De perles, d'or, et de jasmin,
Comme en a Madame Marie !
   Noël ! Noël !
  Nous venons du ciel
T'apporter ce que tu désires,
   Car le bon Dieu
  Au fond du ciel bleu
Est chagrin lorsque tu soupires !

—Veux-tu le bel encensoir d'or,
Ou la rose éclose en couronne ?
Veux-tu la robe, ou bien encor
Un collier où l'argent fleuronne ?
Veux-tu des fruits du paradis
Ou du blé des célestes granges ?
Ou, comme les bergers jadis,
Veux-tu voir Jésus dans ses langes ?
   Noël ! Noël !
  Retournez au ciel,
Mes beaux anges, à l'instant même ;
   Dans le ciel bleu
  Demandez à Dieu
Le bonheur pour celui que j'aime !

Nous sommes bien loin de Fléchier.

Si, de la capitale de la France, nous nous transportons dans les vastes forêts qui séparent la province de Québec de la baie d'Hudson, nous trouvons des Sauvages chrétiens, évangélisés par nos missionnaires, chantant des cantiques en langue indigène sur des airs français, pendant la nuit de Noël, "la nuit où l'on ne dort pas." Tous les Sauvages montagnais, pour ne parler que d'une seule tribu, savent lire et chanter *la prière*.

Les Hurons sédentaires de la Nouvelle-Lorette, près Québec. chantent un très beau noël en leur langue d'autrefois : *Iesous ahatonnia !* (Jésus est né !) dont l'origine remonte au temps des glorieuses et sanglantes missions de la péninsule huronne. Les paroles en sont consignées dans un manuscrit du Père Chaumonot, et l'on suppose qu'elles sont du Père de Brébeuf, l'apôtre-martyr, ou du Père Ragueneau, deux linguistes [1]. L'air en est très populaire parmi la tribu. C'est une simple mélodie à deux temps, d'allure toute française ; elle appartient au mode mineur, ou plus exactement, au premier mode plagal de la tonalité grégorienne.

1.—On peut voir ce manuscrit à la bibliothèque de la Législature de Québec.

On chantait autrefois, dans l'ancienne et dans la nouvelle France, des noëls nationaux, des noëls politiques, des noëls badins, à côté des noëls religieux. Ceux-ci se divisaient en deux classes : les uns se faisaient entendre dans les églises, et ne s'écartaient guère des données du Nouveau-Testament ; les autres se chantaient au foyer domestique, et la fantaisie y avait une plus large place.

Le noël suivant semble appartenir à cette dernière catégorie :

—D'où viens-tu, bergère,
D'où viens-tu ?
—Je viens de l'étable,
De m'y promener ;
J'ai vu un miracle
Qui vient d'arriver.

—Qu'as-tu vu, bergère,
Qu'as-tu vu ?
—J'ai vu, dans la crèche,
Un petit enfant,
Sur la paille fraîche
Mis bien tendrement.

—Rien de plus, bergère,
Rien de plus ?
—Saint'Marie, sa mère,
Lui donnant du lait,
Saint Joseph, son père
Qui tremble de froid.

—Rien de plus, bergère,
Rien de plus ?
—Ya le bœuf et l'âne
Qui sont par devant,
Avec leur haleine
Réchauffent l'enfant.

—Rien de plus, bergère,
Rien de plus ?
—Ya trois petits anges
Descendus du ciel,
Chantant les louanges
Du Père éternel.

Ce noël est bien connu dans les familles canadiennes. Les petits enfants aiment son joli air, simple et doux. Le dialogue qui se poursuit de couplet en couplet les intéresse, et leur imagination s'exalte au récit de ce Dieu qu'adorent les grands parents comme les petits enfants, ce Dieu qui a tout fait,—tout : le beau ciel étoilé, le grand fleuve, la haute montagne couverte de neige, et qui cependant veut naître pour nous dans une étable ! Le bœuf, dont, ordinairement, ils n'osent pas trop approcher, et l'âne, qu'ils ne connaissent que de nom, sont deux personnages qui, à leurs yeux, embellissent singulièrement le tableau.

Un auteur qui n'a pas toujours été aussi bien inspiré, Michelet, a écrit excellemment, à propos des noëls populaires :

"...Il y avait alors dans l'Eglise un merveilleux génie dramatique, plein de hardiesse et de bonhomie, souvent empreint d'une puérilité touchante.... Elle (l'Eglise), quelquefois aussi, se faisait petite ; la grande, la docte, l'éternelle, elle bégayait avec son enfant ; elle lui traduisait l'ineffable en puériles légendes. "

Les chants de noël, qui reviennent chaque année, à la même date, sanctifier le foyer canadien, font plus que nous rappeler les suaves impressions de l'enfance : ils nous montrent l'humble crèche d'où Jésus " prêche " à notre orgueil ; ils pénètrent notre esprit des immortelles espérances qui doivent illuminer la pensée de tout chrétien, et nous font tomber à genoux avec les bergers devant le Dieu Rédempteur.

ERNEST GAGNON.

VENEZ, DIVIN MESSIE !

VENEZ, DIVIN MESSIE

I.

Ah ! descendez, hâtez vos pas ;
Sauvez les hommes du trépas,
Secourez-nous, ne tardez pas.
Dans une peine extrême
Gémissent nos cœurs affligés :
Venez, Beauté suprême,
Venez, venez, venez !
 (*Chœur*) Venez, divin Messie ! etc.

II.

Ah ! desarmez votre courroux.
Nous soupirons à vos genoux ;
Seigneur, nous n'espérons qu'en vous.
Pour nous livrer la guerre,
Tous les enfers sont déchaînés :
Descendez sur la terre ;
Venez, venez, venez !
 (*Chœur*) Venez, divin Messie ! etc.

III.

Eclairez-nous, divin flambeau ;
Parmi les ombres du tombeau,
Faites briller un jour nouveau.
Au plus affreux supplice
Nous auriez-vous abandonnés ?
Venez, Sauveur propice,
Venez, venez, venez !
 (*Chœur*) Venez, divin Messie ! etc.

IV.

Que nos soupirs soient entendus !
Les biens que nous avons perdus
Ne nous seront-ils point rendus ?
Voyez couler nos larmes :
Grand Dieu, si vous nous pardonnez,
Nous n'aurons plus d'alarmes :
Venez, venez, venez !
 (*Chœur*) Venez, divin Messie ! etc.

V.

Si vous venez en ces bas lieux,
Nous vous verrons victorieux
Fermer l'enfer, ouvrir les cieux.
Nous l'espérons sans cesse :
Les cieux nous furent destinés.
Tenez votre promesse :
Venez, venez, venez !
 (*Chœur*) Venez, divin Messie ! etc.

VI.

Ah ! puissions-nous chanter un jour,
Dans votre bienheureuse cour,
Et votre gloire et votre amour !
C'est là l'heureux partage
De ceux que vous prédestinez ;
Donnez-nous en le gage :
Venez, venez, venez !
 (*Chœur*) Venez, divin Messie ! etc.

ÇA, BERGERS, ASSEMBLONS-NOUS

ÇA, BERGERS, ASSEMBLONS-NOUS

I.

Ça, bergers, assemblons-nous ;
    Allons voir le Messie ;
Cherchons cet enfant si doux
    Dans les bras de Marie ;
Je l'entends, il nous appelle tous :

    O sort digne d'envie !
    Ça, bergers, etc.

II.

Laissons là tout le troupeau ;
    Qu'il erre à l'aventure :
Que sans nous, sur ce coteau,
    Il cherche sa pâture ;
Allons voir dans un petit berceau,
    L'auteur de la nature.
    Ça, bergers, etc.

III.

Que l'hiver, par ses frimas,
    Ait endurci la plaine ;
S'il croit arrêter nos pas,
    Cette espérance est vaine ;
Quand on cherche un Dieu rempli
                  [d'appas.
    On ne craint point de peine.
    Ça, bergers, etc.

IV.

Sa naissance sur nos bords
    Ramène l'allégresse :
Répondons par nos transports,
    A l'ardeur qui le presse ;
Secondons par de nouveaux efforts,
    L'excès de sa tendresse.
    Ça, bergers, etc.

V.

Dieu naissant, exauce-nous,
　　Dissipe nos alarmes ;
Nous tombons à tes genoux,
　　Nous les baignons de larmes ·
Hâte-toi de nous donner à tous
　　La paix et tous ses charmes.
　　　　Ça, bergers, etc,

NOUVELLE AGRÉABLE!

I.

Dans cette nuit le Christ est né,
C'est pour nous qu'il s'est incarné ;
Venez, pasteurs,
Offrir vos cœurs :
Aimez cet enfant tout aimable.
Nouvelle agréable, etc.

II.

Satan retenait dans les fers
Les peuples de tout l'univers ;
Mais cette nuit
Satan s'enfuit
Devant cet enfant adorable.
Nouvelle agréable, etc.

III.

Chrétiens, cet enfant plein d'appas,
Vous appelle, hâtez vos pas ;
Allez à lui,
Puisqu'aujourd'hui
Il tend une main secourable.
Nouvelle agréable, etc.

IV.

Peuples, entourez son berceau ;
Voyez ce miracle nouveau :
Un tendre enfant,
Faible et tremblant,
Vous rend le Très-Haut favorable.
Nouvelle agréable, etc.

V.

Gloire trois fois, gloire à Jésus !
Le monde et Satan sont vaincus.
A notre tour
Brûlons d'amour,
Pour plaire au vainqueur admirable.
Nouvelle agréable, etc.

DANS LE SILENCE DE LA NUIT

I.

Dans le silence de la nuit,
Un Sauveur pour nous vient de naître ;
Quoique dans un sombre réduit,
Vous ne pouvez le méconnaître.
    (*Chœur*) L'Enfant, etc.

II.

Pour le salut du genre humain,
Il naît d'une Vierge féconde ;
L'effet de son pouvoir divin

Est de donner la vie au monde.
    (*Chœur*) L'Enfant, etc.

III.

Ce Dieu si plein de majesté,
Environné de milliers d'anges,
Prend notre faible humanité,
Est couché dans de pauvres langes.
    (*Chœur*) L'Enfant, etc.

IV.

Qu'en adorant ce tendre Enfant,
L'univers, par un saint cantique,
Rendre hommage au Dieu tout-puis-
[sant
Qui nous donne son Fils unique.
    (*Chœur*) L'Enfant, etc.

V.

Unissons-nous en ce grand jour ;
Offrons au Souverain des anges
Le pur encens de notre amour,
L'humble tribut de nos louanges.
    (*Chœur*) L'Enfant, etc.

DANS CETTE ÉTABLE

Paroles de Fléchier
(17ième siècle)

DANS CETTE ETABLE

I.

Dans cette étable
Que Jésus est charmant,
Qu'il est aimable
Dans son abaissement !
Que d'attraits à la fois !
Non, les palais des rois
N'ont rien de comparable
Aux beautés que je vois
Dans cette étable.

II.

Que sa puissance
Paraît bien en ce jour,
Malgré l'enfance
De ce Dieu plein d'amour !
L'esclave racheté
Et tout l'enfer dompté
Font voir qu'à sa naissance
Rien n'est si redouté
Que sa puissance.

III.

Heureux mystère !
Jésus souffrant pour nous,
D'un Dieu sévère
Apaise le courroux.
Pour sauver le pécheur,
Il naît dans la douleur,
Et sa bonté de père
Eclipse sa grandeur.
Heureux mystère !

IV.

S'il est sensible,
Ce n'est qu'à nos malheurs ;
Le froid horrible
Ne cause point ses pleurs.
Après tant de bienfaits,
Notre cœur, aux attraits
D'un amour si visible,
Se rendra désormais,
S'il est sensible.

V.

Que je vous aime !
Peut-on voir vos appas,
Beauté suprême,
Et ne vous aimer pas ?
Puissant Maître des cieux,
Brûlez-moi de ces feux
Dont vous brûlez vous-même :
Ce sont là tous mes vœux.
Que je vous aime !

LES ANGES DANS NOS CAMPAGNES

LES ANGES DANS NOS CAMPAGNES

LES ANGES DANS NOS CAMPAGNES

I.
Les anges, dans nos campagnes,
Ont entonné l'hymne des cieux,
Et l'écho de nos montagnes
Redit ce chant mélodieux :
Gloria, etc.

II.
Bergers, pour qui cette fête ?
Quel est l'objet de tous ces chants ?
Quel vainqueur, quelle conquête
Mérite ces cris triomphants ?
Gloria, etc.

III.
Ils annoncent la naissance
Du libérateur d'Israël,
Et pleins de reconnaissance
Chantent en ce jour solennel :
Gloria, etc.

IV.
Cherchons tous l'heureux village
Qu'il l'a vu naitre sous ses toits ;
Offrons-lui le tendre hommage
Et de nos cœurs et de nos voix.
Gloria, etc.

V.
Dans l'humilité profonde
Où vous paraissez à nos yeux,
Pour vous louer, Roi du monde,
Nous redirons ce chant joyeux :
Gloria, etc.

VI.
Toujours charmé du mystère
Qu'opère ici-bas votre amour,
Notre bonheur sur la terre
Sera de chanter chaque jour :
Gloria, etc.

VII.

Déjà les concerts des anges
Et les hymnes des chérubins,
Occupés de vos louanges,
Ont appris à dire aux humains :
    Gloria, etc.

VIII.

Bergers, loin de vos retraites,
Unissez-vous à leurs concerts,
Et que vos tendres musettes
Fassent retentir dans les airs :
    Gloria, etc.

IX.

Dociles à leur exemple,
Seigneur, nous viendrons désormais,
Au milieu de votre temple,
Chanter avec eux vos bienfaits.
    Gloria in excelsis Deo !

CANTIQUES DE MISSIONS

UN DIEU VIENT SE FAIRE ENTENDRE

UN DIEU VIENT SE FAIRE ENTENDRE

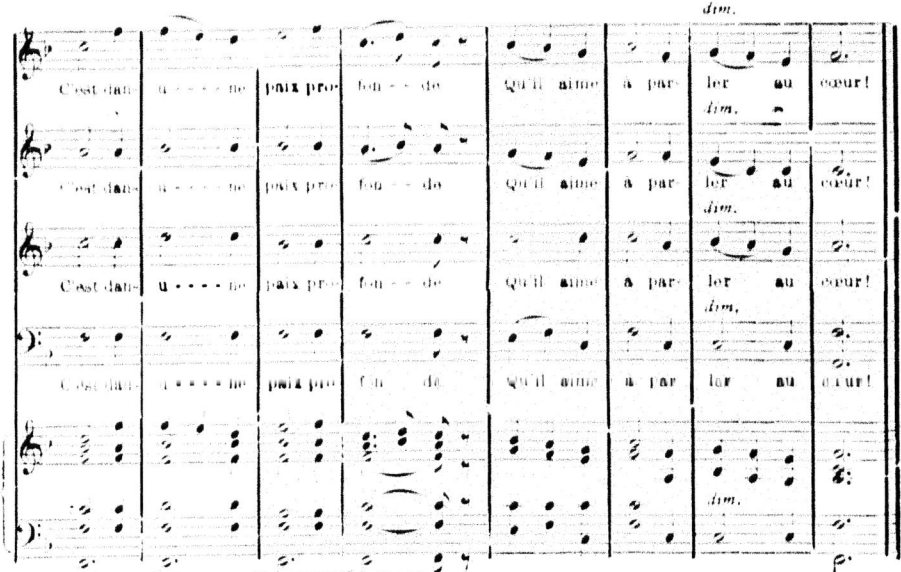

I.
Un Dieu vient se faire entendre :
Quelle ineffable faveur !
À sa voix il faut se rendre,
Et répondre à son ardeur.
    Chœur : Quittez etc.

II.
Dans l'état le plus horrible
Le péché vous a réduits ;
Mais, à vos malheurs sensible,
Vers vous Dieu nous a conduits.
    Chœur : Quittez etc.

III.
Sur vous il fera reluire
Un rayon de sa clarté ;
Dans vos cœurs il va produire
Le feu de sa charité.
    Chœur : Quittez etc.

IV.
Trop longtemps, hélas ! le crime
A pour vous eu des attraits :
Qu'un saint désir vous anime
A le bannir pour jamais !
    Chœur : Quittez etc.

V.
Loin de vous toute injustice !
Plus de haine et de fureurs ;
Que rien d'impur ne ternisse
Ni votre esprit, ni vos cœurs.
    Chœur : Quittez etc.

VI.
Quel bonheur inestimable
Si, plein d'un vrai repentir,
De son état misérable
Le pécheur voulait sortir !
    Chœur : Quittez etc.

VII.
Ah ! Seigneur, qu'enfin se fasse
Ce changement souhaité ;
Dans nos cœurs, par votre grâce,
Descendez, Dieu de bonté.
    Chœur : Quittez etc.

VIII.
Brisez de ces cœurs rebelles
La coupable dureté ;
Quand Dieu, rendez-les fidèles
À suivre la vérité.
    Chœur : Quittez etc.

A LA MORT

Paroles du B. Grignon de Montfort

I.

Il faut mourir, il faut mourir ;
De ce monde il nous faut sortir ;
Le triste arrêt en est porté :
Il faut qu'il soit exécuté.
    (*Chœur*) A la mort, etc.

II.

Venez, pécheurs, près du cercueil,
Venez confondre votre orgueil :
Là tout ce qu'on estimait tant
Est enfin réduit à néant.
    (*Chœur*) A la mort, etc.

III.

Comme une fleur qui se flétrit
Ainsi bientôt l'homme périt ;
L'affreuse mort vient de ses jours
En un instant trancher le cours.
    (*Chœur*) A la mort, etc.

IV.

Esclaves de la vanité,
Que deviendra votre beauté ?
Vos traits sans forme et sans couleur
Vous rendront un objet d'horreur.
    (*Chœur*) A la mort, etc.

V.

Plus de trésors, plus de grandeurs,
Plus de jeux pour vous, ô pécheurs:
Ces biens dont vous étiez jaloux
Vont tout à coup périr pour vous.
    (*Chœur*) A la mort, etc.

VI.

Au tribunal d'un Dieu vengeur,
Je vous vois remplis de terreur ;
Et c'est de ce terrible instant
Que votre éternité dépend.
    (*Chœur*) A la mort, etc.

VII.

S'il vous fallait subir l'arrêt,
Qui de vous, pécheurs, serait prêt ?
Combien dont le funeste sort
Serait une éternelle mort !
    (*Chœur*) A la mort, etc.

TOUT N'EST QUE VANITÉ

TOUT N'EST QUE VANITÉ

TOUT N'EST QUE VANITÉ

Tout n'est que vanité,
Mensonge, fragilité,
Dans tous ces objets divers
Qu'offre à nos regards l'univers.
Tous ces brillants dehors
  Cette pompe,
Ces biens, ces trésors,
  Tout nous trompe ;
Tout nous éblouit,
Mais tout nous échappe et nous fuit.

II.

Telles qu'on voit les fleurs
Avec leurs vives couleurs,
Eclore, s'épanouir,
Se faner, tomber et périr ;
Tel est des vains attraits
  Le partage ;
Tel l'éclat, les traits
  Du bel âge,
Après quelques jours
Perdent leur beauté pour toujours.

III.

En vain, pour être heureux,
Le jeune voluptueux
Se plonge dans les douceurs
Qu'offrent les mondains séducteurs ;
Plus il suit les plaisirs
  Qui l'enchantent,
Et moins ses désirs
  Se contentent :
Le bonheur le fuit
A mesure qu'il le poursuit.

IV.

Que doivent devenir,
Pour l'homme qui doit mourir,
Ces biens longtemps amassés,
Cet argent, cet or entassés ?
Fût-il du genre humain
  Seul le maître,
Pour lui tout enfin
  Cesse d'être :
Au jour de son deuil
Il n'a plus à lui qu'un cercueil.

V.

La mort, dans son courroux,
Dispense à son gré ses coups,
N'épargne ni le haut rang,
Ni l'éclat auguste du sang.
Tout doit un jour mourir,
  Tout succombe ;
Tout doit s'engloutir
  Dans la tombe :
Les sujets, les rois,
Iront s'y confondre à la fois.

VI.

Oui, la mort, à son choix,
Soumet tout âge à ses lois,
Et l'homme ne fut jamais
A l'abri d'un seul de ses traits.
Comme sur son retour,
  La vieillesse,
Dans son plus beau jour,
  La jeunesse,
L'enfance au berceau,
Trouvent tour à tour leur tombeau.

VII.

Oh ! combien malheureux
Est l'homme présomptueux
Qui, dans ce monde trompeur,
Croit pouvoir trouver son bonheur !
Dieu seul est immortel,
  Immuable ;
Seul grand, éternel,
  Seul aimable ;
Avec son secours,
Soyons donc à lui pour toujours !

GRAND DIEU, MON CŒUR TOUCHÉ...

GRAND DIEU, MON CŒUR TOUCHÉ

GRAND DIEU, MON CŒUR TOUCHÉ

Grand Dieu, mon cœur, touché
D'avoir péché,
Demande grâce !
Couronne tes bienfaits,
Pardonne mes forfaits :
Je ne veux plus, Seigneur, encourir ta disgrâce.

Ref. { Pardon, mon Dieu, pardon ;
{ N'est-tu pas un Dieu bon ?

II

Hélas ! le triste cours
Des plus beaux jours
De ma jeunesse,
N'est qu'un tissu d'erreurs,
De crimes, de malheurs :
Ah ! bien loin de t'aimer, je t'outrageai sans cesse.
Pardon, etc.

III

Sous mes pieds, les enfers
Sont entr'ouverts
Par ta vengeance :
En un instant la mort
Pourrait fixer mon sort :
J'implore ta pitié, j'invoque ta clémence.
Pardon, etc.

IV

Je tombe à tes genoux :
Suspends tes coups,
O Dieu terrible !
Vois le sang de ton Fils,
Daigne entendre mes cris ;
Aux vœux qu'il fait pour nous ne sois pas insensible
Pardon, etc.

V

Ah ! puisse, désormais,
Et pour jamais,
Mon cœur fidèle
N'aimer que le Seigneur,
L'aimer avec ardeur !
Puisse-t-il mériter la couronne immortelle.
Pardon, etc.

QUAND VOUS CONTEMPLERAI-JE ?

QUAND VOUS CONTEMPLERAI-JE

Quand vous contemplerai-je,
Ô céleste séjour ?
Quand, ô mon Dieu, serai-je
Avec vous pour toujours ?

Ref. O régions si belles
Où tout comble les vœux !
Ah ! que n'ai-je des ailes
Pour m'envoler aux cieux.

II

Ah ! comblez mon attente
En m'attirant à vous :
Mon âme languissante
Ne désire que vous.
Refrain.

III

Partons donc, ô mon âme,
Quittons ces tristes lieux ;
D'une divine flamme,
Allons brûler aux cieux.
Refrain.

IV

Ni les biens, ni la gloire
Ne peuvent rendre heureux ;
Chrétiens, il faut le croire,
Le bonheur n'est qu'aux cieux.
Refrain.

V

Non, non, toute la terre
Ne peut remplir mon cœur :
Qui peut me satisfaire ?
Vous seul, vous seul, Seigneur.
Refrain.

VI

Je méprise la terre,
Ses biens et ses plaisirs ;
Non, rien ne peut m'y plaire ;
Au ciel sont mes désirs.

Ref. O régions si belles
Où tout comble les vœux !
Ah ! que n'ai-je des ailes
Pour m'envoler aux cieux.

TU VAS REMPLIR LE VŒU DE TA TENDRESSE

TU VAS REMPLIR LE VŒU DE LA TENDRESSE

Tu vas remplir le vœu de ta tendresse,
Divin jésus, tu vas me rendre heureux ;
O saint amour ! délicieuse ivresse !
Dans ce moment (*ter*) mon âme est tout
[en feux.

II.

Vous qui goûtez les plaisirs de la terre,
Je me rirai de votre faux bonheur ;
jésus devient mon Sauveur et mon frère ;
Seul à jamais (*ter*) il vivra dans mon
[cœur.

III.

Divin Jésus, ô mon Maitre adorable !
Ne tarde plus à venir dans mon cœur.
Rien sans Jésus ne me parait aimable,
Tout autre objet (*ter*) est pour moi sans
[douceur.

IV.

Divin jésus, tu descends dans mon âme !
C'est aujourd'hui le plus beau de mes jours:
Que tout en moi se ranime et m'enflamme ;
Divin Jésus (*ter*) je t'aimerai toujours.

V.

Oui, je le vois, ce Dieu si plein de charmes,
Mon bien-aimé, mon aimable Sauveur :
Echappez-vous de mes yeux, douces
[larmes ;
Coulez, coulez, (*ter*) annoncez mon bonheur.

VI.

Que ce bonheur est grand, incomparable !
Du saint amour je ressens les langueurs !
De ce beau feu, si pur, si désirable,
Ah ! qu'à jamais (*ter*) je goûte les douceurs !

ALLONS AU BANQUET DIVIN

ALLONS AU BANQUET DIVIN

ALLONS AU BANQUET DIVIN

Allons au banquet divin !
Le Seigneur nous invite à sa table ;
Allons au banquet divin !
Sa chair sera le mets du festin.
Venez, dit-il, vous qui gémissez,
Vous que le poids des douleurs accable ;
Les mets sont tout préparés
Venez, et vous serez soulagés.

II

Loin de ces biens que j'attends
Dans un exil long et déplorable,
Entre des sentiers glissants,
Je sens mes pas faibles, chancelants.
D'un Dieu l'aliment délicieux,
Son corps sacré, son sang adorable,
Me rendent plus courageux,
Me donnent l'espoir le plus heureux.

III

O prodige de bonté !
D'un Dieu pour nous tendresse ineffable !
Sacrement de charité !
Lien d'amour, signe d'unité !
Voulez-vous vivre ?...Ici vous vivrez,
A Dieu l'homme ici devient semblable ;
En lui vous demeurerez ;
En vertu tous les jours vous croitrez.

ESPRIT-SAINT, DESCENDEZ EN NOUS

ESPRIT-SAINT DESCENDEZ EN NOUS

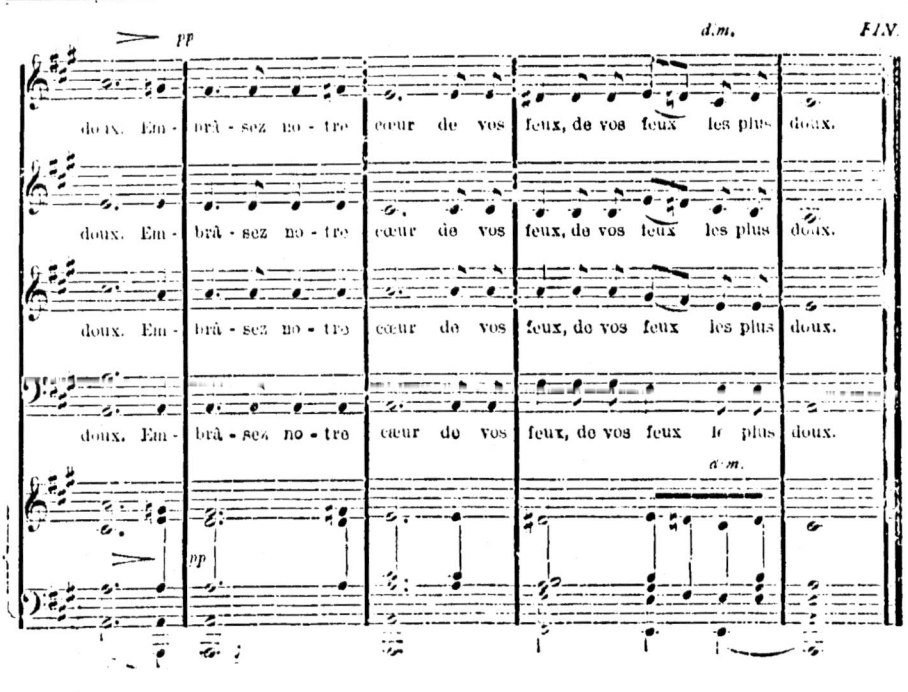

ESPRIT-SAINT DESCENDEZ EN NOUS

AU SANG QU'UN DIEU VA RÉPANDRE...

Paroles de Fénelon.

AU SANG QU'UN DIEU VA RÉPANDRE

AU SANG QU'UN DIEU VA RÉPANDRE

I.

Au sang qu'un Dieu va répandre,
Ah ! mêlez du moins vos pleurs,
Chrétiens qui venez entendre
Le récit de ses douleurs.
Puisque c'est pour vos offenses
Que ce Dieu souffre aujourd'hui,
Animés par ses souffrances,
Vivez et mourez pour lui.

II.

Dans un jardin solitaire
Il sent de rudes combats ;
Il prie, Il craint, Il espère,
Son cœur veut et ne veut pas.
Tantôt la crainte est plus forte,
Et tantôt l'amour plus fort ;
Mais enfin l'amour l'emporte
Et lui fait choisir la mort.

III.

Judas, que la fureur guide,
L'aborde d'un air soumis ;
Il l'embrasse, et le perfide
Le livre à ses ennemis.
Judas, un pécheur t'imite
Quand il feint de l'apaiser :
Souvent sa bouche hypocrite
Le trahit par un baiser.

IV.

On l'abandonne à la rage
De cent soldats inhumains ;
Sur son auguste visage
Les valets portent leurs mains.
Vous deviez, anges fidèles,
Témoins de ces attentats,
Ou le couvrir de vos ailes,
Ou frapper tous ces ingrats.

V.

Ils le traînent au grand-prêtre,
Qui seconde leur fureur,
Et ne veut le reconnaître
Que pour un blasphémateur.
Quand Il jugera la terre
Ce sauveur aura son tour :
Aux éclats de son tonnerre
Tu le connaîtras un jour.

VI.

Tandis qu'il se sacrifie,
Tout conspire à l'outrager.
Pierre lui-même l'oublie,
Et le traite d'étranger ;
Mais Jésus perce son âme
D'un regard tendre et vainqueur,
Et met d'un seul trait de flamme
Le repentir dans son cœur.

VII.

Chez Pilate on le compare
Au dernier des scélérats.
Qu'entends-je ? peuple barbare !
Tes cris sont pour Barrabas.
Quelle indigne préférence !
Le juste est abandonné ;
On condamne l'innocence
Et le crime est pardonné.

VIII.

On le dépouille, on l'attache,
Chacun arme son courroux.
Je vois cet agneau sans tache
Tombant presque sous les coups.
C'est à nous d'être victimes,
Arrêtez, cruels bourreaux !
C'est pour effacer vos crimes
Que son sang coule à grands flots.

HONNEUR, HOMMAGE....

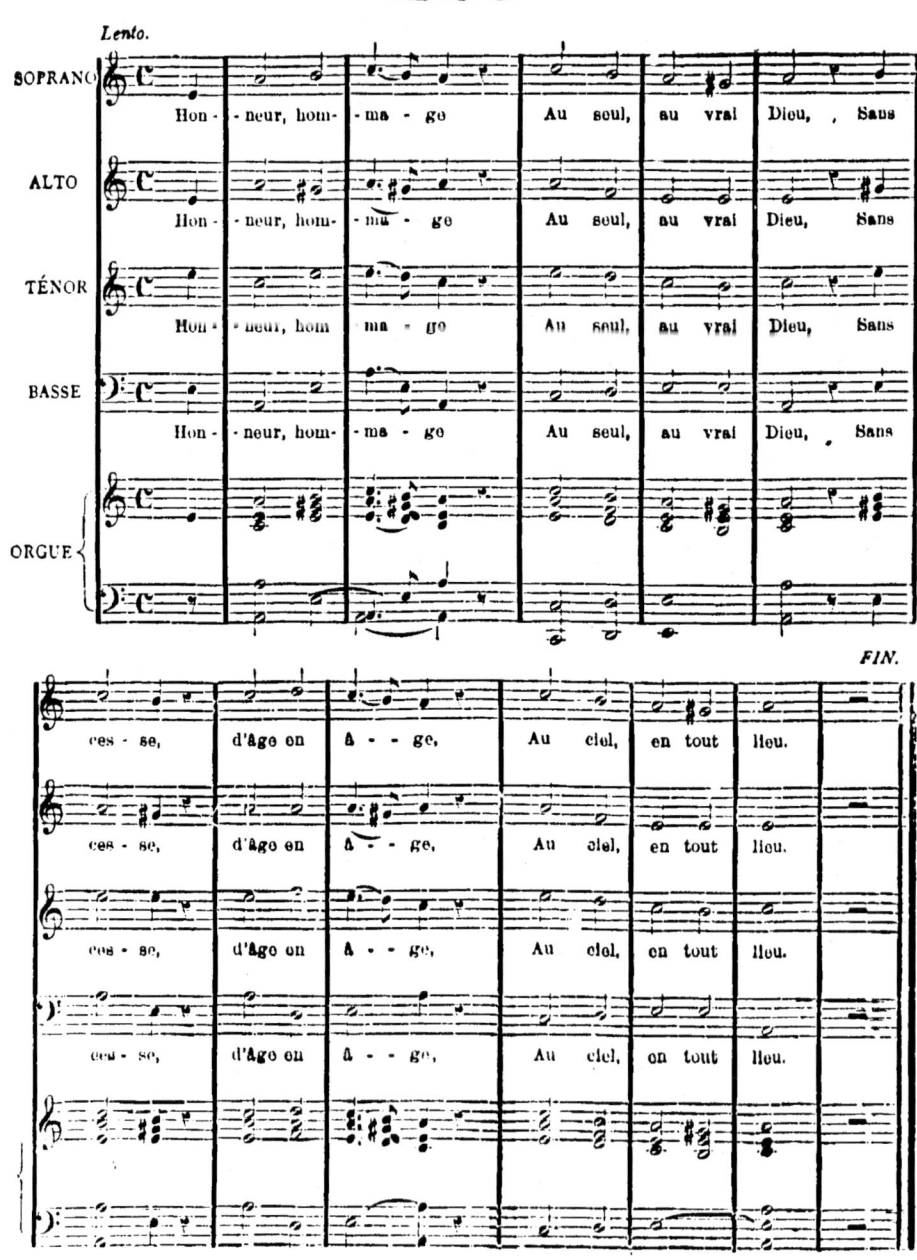

I.

Près de sa puissance,
  Rien n'est grand ;
Tout en sa présence
  Est néant.
    Chœur : Honneur, etc.

II.

De la terre entière,
  Tous les dieux
Sont cendre et poussière
  A ses yeux.
    Chœur : Honneur, etc.

LE VOICI, L'AGNEAU SI DOUX!

LE VOICI, L'AGNEAU SI DOUX!

I.

C'est un tendre Père,
C'est le bon Pasteur,
Un ami sincère :
C'est notre Seigneur.
    Refrain : Le voici, etc.

II.

C'est l'amour suprême,
Trésor de vertus ;
C'est le ciel lui-même
Puisque c'est Jésus.
    Refrain : Le voici, etc.

III.

C'est la sainte Hostie,
Le vrai pain des cieux,
D'éternelle vie
Gage précieux.
    Refrain : Le voici, etc.

IV.

Céleste modèle
D'aimable douceur,
Tous il nous appelle,
Courons à son Cœur.
    Refrain : Le voici, etc.

V.

Au meilleur des pères,
Venons découvrir
Toutes nos misères,
Qu'il veut secourir.
    Refrain : Le voici, etc.

VI.

Disons-lui nos peines,
Toutes nos douleurs.
Il rompra nos chaînes,
Tarira nos pleurs.
    Refrain : Le voici, etc.

JE ME VOYAIS AU MILIEU DE MA COURSE

Paraphrase du cantique d'Ezéch as, attribuée à J.-B.-Rousseau

JE ME VOYAIS AU MILIEU DE MA COURSE

Je me voyais au milieu de ma course,
Dans la vigueur de l'âge le plus beau :
Et je me meurs, mon mal est sans ressource ;
Je vais entrer dans la nuit du tombeau.

II.

A ce moment mon âme est interdite ;
Elle se trouble, elle frémit d'horreur.
Trop courte vie ! ah ! faut il que je quitte
Tes faux plaisirs avec tant de douleur !

III.

Oui, c'en est fait, j'entends Dieu qui m'appelle :
Il faut sortir du séjour des vivants :
En vain mon âme, à ses ordres rebelle,
Dans ce séjour veut rester plus longtemps.

IV.

Tel qu'un berger qui change de demeure,
Qu'on voit plier sa tente en un instant,
Ainsi je pars, voici ma dernière heure,
Avant la nuit le sépulcre m'attend.

Je vois, Seigneur, votre main qui réclame
Et qui reprend les dons que j'ai reçus :
Je sens le coup qui va changer la trame
Des jours heureux qu'elle m'avait tissus.

VI.

Tel qu'une fleur qu'au matin l'on voit naître,
Et que le soir on verra se flétrir,
A peine, hélas ! commençais-je à paraître
Qu'il a fallu me résoudre à mourir.

VII.

Je me flattais d'une espérance vaine ;
Mon cœur formait d'ambitieux projets,
Lorsque la mort dans le tombeau m'entraîne,
Et me ravit tant de charmants objets.

VIII.

Comme un lion, que la fureur anime,
Fond sur sa proie et l'emporte à l'instant,
Ainsi la mort vient saisir sa victime ;
Contre elle en vain mon âme se défend.

IX.

Non, la colombe, ou la faible hirondelle,
Quand elle voit un avide vautour
Fendre les airs et s'abattre sur elle,
Ne craint pas plus que je crains en ce jour.

X.

Mes yeux, frappés de mille objets funèbres,
Portent au ciel des regards languissants ;
La mort déjà les couvre de ténèbres,
Et se saisit du reste de mes sens.

XI.

Tout me refuse un secours que j'implore ;
Parents, amis, ils disparaissent tous ;
Point de remède au mal qui me dévore :
Ciel ! vous aussi m'abandonnerez-vous ?

XII.

Oui, c'est au ciel que j'adresse ma plainte ;
C'est du Seigneur que j'attends mon secours ;
Mais c'est du ciel que me vient cette crainte :
C'est le Seigneur qui va trancher mes jours.

XIII.

Dans ce moment l'horreur de mon offense,
A mon esprit tout à coup vient s'offrir.
Tant de péchés ! si peu de pénitence !
Et cependant, je vois qu'il faut mourir.

XIV.

Pourquoi, Seigneur, me conserver la vie,
Si je devais l'employer à pécher ?
Dès le berceau m'eût-elle été ravie,
Mon cœur n'aurait rien à se reprocher.

XV.

Si vous vouliez me châtier en père,
Et si mes maux calmaient votre courroux,
Alors, Seigneur, dans ma douleur amère,
Je goûterais les plaisirs les plus doux.

XVI.

Je meurs, disais-je, et mon âme abandonne
Avec plaisirs de dangereux objets.
Quel heureux sort, Seigneur ! rien ne m'étonne :
Vous m'appelez au séjour de la paix.

XVII.

Pour les péchés d'une aveugle jeunesse,
Vous voudrez bien, Seigneur, les oublier.
J'espère, hélas ! que le mal qui me presse,
Achèvera de me purifier.

XVIII.

Mais je vois fuir cette douce assurance ;
La crainte vient dans mon cœur l'étouffer ;
Je garde à peine un reste d'espérance ;
Je crois me voir aux portes de l'enfer !

XIX.

Quoi donc, Seigneur ! le poids de mes offenses
M'entrainerait dans cet affreux séjour ?
Quoi ! je serais l'objet de vos vengeances,
Et n'aurais plus de part à votre amour ?

XX.

Dieu tout puissant, écoutez ma prière,
Et laissez-vous désarmer par mes pleurs.
Que je jouisse encor de la lumière :
J'irai partout publier vos grandeurs.

XXI.

Je le promets, je servirai d'exemple
A votre peuple, à ma postérité ;
Plein de ferveur, j'irai dans votre temple
Bénir en vous l'auteur de ma santé.

XXII.

Si cependant il faut que je succombe ;
Si votre arrêt, Seigneur, est sans appel ;
Ah ! je consens à pourrir sous la tombe ;
Mais recevez mon âme dans le ciel.

D'ÊTRE ENFANTS DE MARIE

I.

D'être enfants de Marie,
Il nous est si doux !
Venez, troupe chérie,
Implorons-la tous.
    Refrain : Chantons etc.

II.

Réunissons pour elle,
 Ici tous nos vœux ;
Cachons-nous sous son aile,
Nous serons heureux.
    Refrain : Chantons etc.

III.

O notre unique amante,
Unique en douceurs !
Sensible et bienfaisante,
Vous charmez nos cœurs.
    Refrain : Chantons etc.

IV.

Tout doit vous rendre hommage,
O beauté des cieux !
Au pied de votre image,
Nous sommes heureux !
    Refrain : Chantons etc.

V.

A l'auguste Marie
Venons en ce jour
Consacrer pour la vie
Nos cœurs sans retour.
    Refrain : Chantons etc.

TABLE DES MATIÈRES

CANTIQUES DE NOËL

	Pages
La musique et les noëls populaires	5
Venez, divin Messie ! (paroles de l'abbé Pellegrin)	13
Ça, bergers, assemblons-nous !	16
Nouvelle agréable !	20
Dans le silence de la nuit	22
Dans cette étable (paroles de Fléchier)	25
Les anges dans nos campagnes	28

CANTIQUES DE MISSIONS

Un Dieu vient se faire entendre	35
A la mort (paroles du B. Grignon de Montfort)	37
Tout n'est que vanité (paroles du B. Grignon de Montfort)	39
Grand Dieu, mon cœur touché	42
Quand vous contemplerai-je ?	45
Tu vas remplir le vœu de ta tendresse	48
Allons au banquet divin	50
Esprit-Saint, descendez en nous	53
Au sang qu'un Dieu va répandre (paroles de Fénelon)	57
Honneur, Hommage	60
Le voici, l'Agneau si doux !	62
Je me voyais au milieu de ma course (paroles attribuées à J.-B. Rousseau)	64
D'être enfants de Marie	69

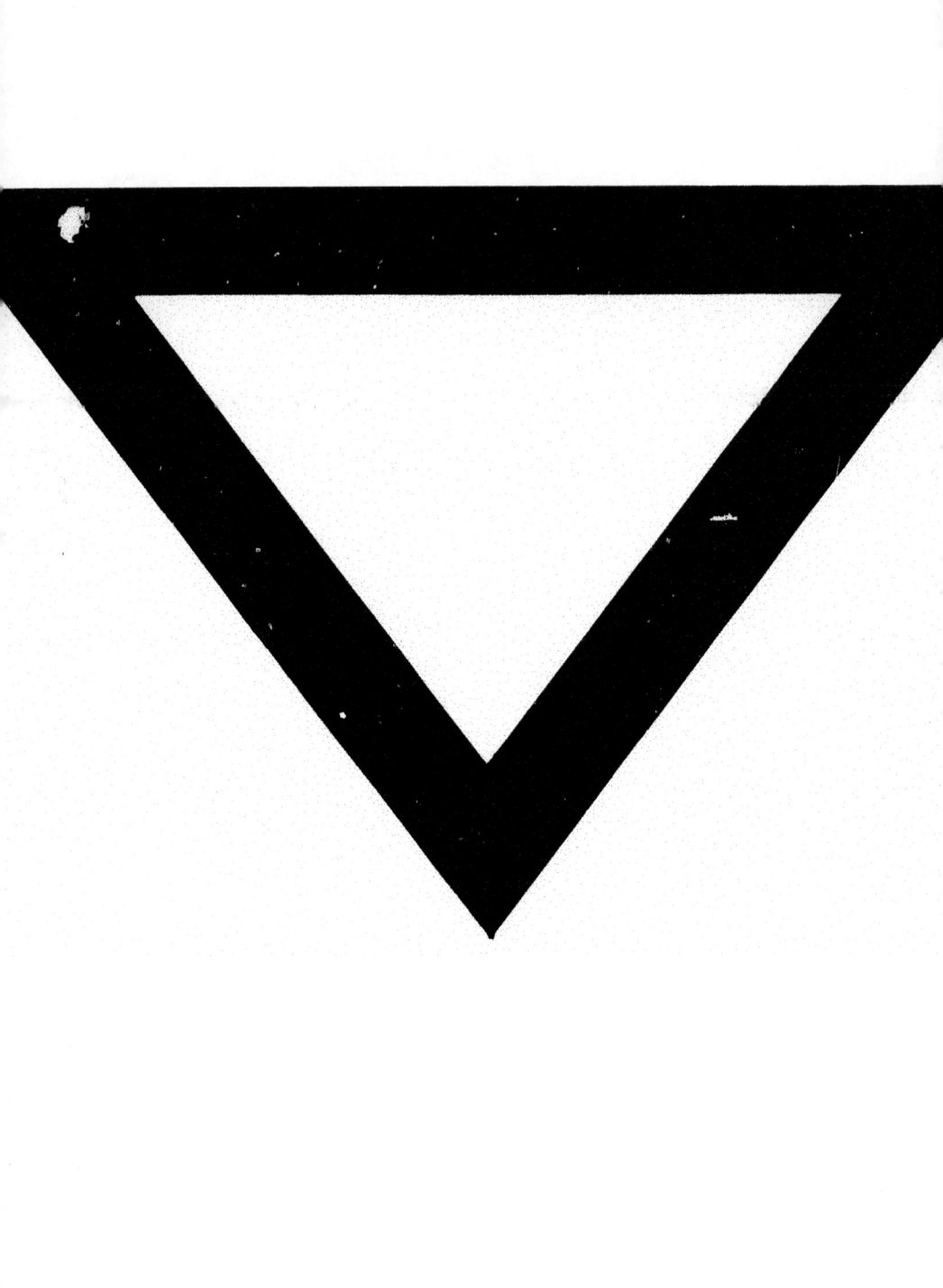